AF509404

QUELQUES RÉFLEXIONS

SUR LA SITUATION

DE LA FRANCE,

ET

SUR LA CHARTE;

PAR LE MARQUIS DE DIGOINE,

Maréchal - des - Camps et Armées du Roi, ancien Député de la Noblesse de Bourgogne pour le Bailliage d'Autun, aux États-Généraux de 1789.

Trois mois ont suffi au génie insensé de l'usurpateur pour faire perdre à la France le fruit d'un siècle de gloire et de prospérité ; mais, grâce à la Providence et à Louis XVIII, elle peut compter encore parmi les puissances de l'Europe, et renaître au bonheur.

La position dans laquelle elle se trouve est affreuse sous bien des rapports. Envahie sur tous les points par des armées étrangères ; déchirée par divers partis ; tourmentée par

la sourde ambition de quelques séditieux,
d'autant plus redoutables qu'ils sont consom-
més dans l'art détestable des révolutions;
c'est dans cette alarmante situation que les
députés de la France sont appelés auprès du
trône pour arracher le vaisseau de l'Etat aux
nombreux écueils dont il est environné, et
ramener le calme et la paix au sein de la patrie.
Leur tâche est sans doute difficile, mais non
pas impossible.

On ne connoît pas encore les intentions des
puissances de l'Europe ; tout annonce qu'elles
ne veulent point attaquer l'intégrité du terri-
toire, mais qu'elles désirent des garanties sur
le sort à venir d'un peuple naturellement fier,
impétueux et inconstant.

Or, la première des garanties à leur offrir,
c'est le calme des opinions politiques, le sang
froid dans les discussions, la sagesse et la
maturité des délibérations, et surtout la réunion sincère de tous les Français à la dynastie
qui, seule, peut cicatriser nos plaies et faire
cesser nos calamités.

La difficulté est d'atteindre un but aussi dé-
sirable ; mais que ne doit-on pas espérer d'un
peuple éclairé par vingt-cinq ans d'expérience
et de malheurs, s'il veut enfin profiter de
leurs utiles et terribles leçons ?

Il circule dans le public un Mémoire (1) dont l'authenticité n'est point garantie ; je rends trop de justice aux lumières de l'homme d'Etat auquel on l'attribue, pour le supposer capable d'avoir présenté un tableau aussi ef-frayant de la situation de la France, et d'être resté si fort au-dessous de lui-même dans les prétendus moyens qu'il propose pour éviter les maux dont il nous menace ; car véritable-ment il n'en indique aucuns. En effet, il re-connoît la nécessité de rapprocher tous les partis ; cela est excellent sans doute, et tout bon Français désire, avec lui, ce rapproche-ment : mais est-ce un moyen réel d'y parvenir, que d'inviter le Roi (comme il le fait) à se rallier franchement aux républicains et aux constitutionnels, sans songer que ce seroit séparer sans retour le Roi de la partie la plus nombreuse et la plus éclairée de la nation, puisque l'auteur du Mémoire comprend, sous le nom de royalistes, les anciens nobles, les émigrés, les gens de robe, les gros proprié-taires, le haut commerce, et tout le clergé ? Le résultat de ces prétendus moyens, seroit de maintenir la France dans un état de con-

---

(1) Rapport au Roi sur la situation de la France, par M. le duc d'Otrante.

vulsions et de guerres éternelles entre tous les partis, en compromettant la dignité du Roi.

Si, au contraire, ce Mémoire fût émané de la plume d'un homme d'Etat exempt de passions, l'auteur auroit cherché à calmer les inquiétudes, à dissiper les craintes, à étouffer les ressentimens, à donner à chacun de justes motifs d'encouragemens, et à les amener tous, par l'influence d'une logique pressante et persuasive, à se réunir au Roi, centre commun de l'autorité comme de la félicité publique.

Il auroit suffi, pour cela, de rechercher la véritable cause des maux qui nous affligent depuis vingt-cinq ans ; de les développer sans partialité ; de faire ressortir les erreurs de chaque opinion ; de les appeler toutes à des sacrifices nécessaires ; de poser des principes purs, devant lesquels tous les partis auroient été forcés de se courber ; de réveiller, enfin, dans les cœurs cet ancien attachement à la patrie, cette voix puissante de l'honneur, qui fut si chère aux Français, jusqu'au moment fatal où ils furent atteints du vertige révolutionnaire.

Mais ces moyens auroient dû être présentés par le Souverain, et non par ses Ministres. Les paroles de paix et de conciliation exercent alors une influence toute-puissante. Qui pourroit, en effet, résister à cette voix royale et paternelle, qui diroit à ses enfans, avec cet accent de douceur et de bonté qui le caractérise éminemment : « Je vous aime tous également ; je veux votre bonheur ; je veille à vos intérêts, à quelques partis que vous ayez appartenu. Vous êtes Français, accourez vous réunir dans mes bras ; votre père oublie le passé ; oubliez-le vous-même ; votre bonheur, celui de la postérité, le commande ; soyons et restons unis.

» Vous, républicains ! ignorez-vous que la république est un gouvernement impossible dans un grand Etat, où les intérêts particuliers sont trop multipliés et trop disparates pour être contenus par des chefs qui doivent presque toujours leur élévation à l'ambition, à l'intrigue et à la plus vile cupidité ? Rappelez-vous le monstrueux despotisme des factions dont vous avez été tour à tour les victimes ; ces sanglantes proscriptions, qui ont enlevé à la patrie tant d'illustres citoyens ; ces actes arbitraires, qui, sous l'apparence de la liberté, jetoient parmi vous l'épouvante et l'effroi, et vous avouerez que le gouvernement monarchique est le seul qui convienne à la France.

» Partisans de l'usurpateur, vous êtes revenus sans doute de l'illusion qu'il avoit produite sur vos esprits ; les maux infinis causés par son insatiable ambition, vous ont désabusés. Il est vaincu ! l'opinion, et les puissances de l'Europe, le repoussent à jamais. Aujourd'hui qu'aucun espoir ne peut vous rattacher à lui, quel plus bel usage pouvez-vous faire de votre courage et de vos talens, que celui de les offrir pour la défense et la prospérité de votre patrie, gouvernée par un Roi qui, comme Henri IV, veut être le père de ses peuples ?

» Vous, qu'on nomme constitutionnels, que de titres n'ai-je pas acquis à votre confiance ! Le premier acte de mon autorité, en rentrant sur la terre qui m'a vu naître, a été de vous donner une Charte qui satisfait vos intérêts les plus chers, par le maintien de vos droits et la jouissance d'une liberté légitime ; et cependant vous avez pu concevoir des craintes et élever des doutes, lorsque, pouvant gouverner comme mes ancêtres, j'ai préféré sacrifier mes droits au bonheur et au vœu général de mes sujets.

» Et vous, anciennes colonnes de la monarchie française, qui avez été de tout temps et qui serez toujours fidèles à l'honneur et à la gloire du trône, n'exercez pas de récriminations dangereuses : voyez la France souffrante, vous ne pouvez être insensible à ses maux. Que des regrets stériles, que des plaintes intéressées ne sortent plus de votre bouche; il est des sacrifices commandés par l'accroissement des lumières et le changement des mœurs : il faut savoir s'y résigner sans murmurer.

» Considérez que la constitution française est assise sur les mêmes fondemens que l'ancienne. Autrefois l'égalité politique entre les citoyens, depuis l'affranchissement des communes, fut proclamée et reconnue; si elle ne fut point étendue sur l'assiette de l'impôt, cela tint à des causes qui n'existent plus. Ces mêmes causes donnèrent lieu à l'établissement des trois ordres de l'Etat. S'ils ne coopèrent plus au système représentatif, ce système a recouvré son existence dans les deux Chambres; ainsi, cette ancienne constitution, objet de vos regrets, se retrouve, à quelques changemens près, commandés par les circonstances, et se reproduit dans la nouvelle Charte. Si vous n'avez plus d'Etats-Généraux, une noble carrière vous est ouverte, dans la Chambre des Pairs et dans celle des Députés. Vos Rois conservent toujours le droit de récompenser les services que vous ou vos familles avez rendus à la France ; vos titres et qualités vous sont conservés héréditairement, et la considération dont jouissoient vos aïeux, ne s'effacera jamais de la mémoire des Français.

» Quant à vous, compagnons de mon infortune et de mon exil, si la tranquillité publique commande de maintenir les aliénations dont vous avez été les victimes, par suite de votre fidélité à la cause de vos Rois, la France est trop juste et trop généreuse pour ne pas vous indemniser d'une perte aussi affligeante ; mais la patrie exige de vous une dernière preuve de dévouement, celle de vous soumettre, sans réclamation, aux lois de l'Etat : votre Roi saura apprécier cette résignation.

» Militaires français, que j'avois admirés chez l'étranger ; Vous ! qui, par l'éclat de vos victoires, par vos trophées d'armes, me rappelliez avec orgueil que j'étois aussi Français ! Vous ! qui m'avez fait regretter de ne point être rétabli dans mes droits pour vous traiter avec une munificence proportionnée à vos hauts faits, quel langage vous parlerai-je pour vous rappeler dans le chemin de l'honneur, que vous n'auriez jamais dû quitter ? Je saurai distinguer l'innocent du coupable ; ceux qui ne méritent aucune indulgence de ceux qui n'ont été entraînés que par séduction ou obéissance à leurs chefs.

» Ministres de la Religion, je confie à vos lumières et à votre zèle le soin d'éclairer mes sujets sur la nécessité d'une réunion franche et sincère sous la bannière de saint Louis; le moment est arrivé de faire triompher les principes immuables de notre religion; elle seule soutient les Etats, fait la prospérité publique, console les familles affligées, épure les mœurs, éteint les haines et les vengeances; tel est le but honorable de votre mission. Si l'on vous accuse de faire céder les intérêts du Ciel à ceux de la Terre; d'entretenir les semences de haine et de division dans l'Etat, pour reconquérir des droits incompatibles avec le nouvel ordre de choses, prouvez, par votre généreuse abnégation, que cette accusation est une calomnie de vos ennemis. Le Roi et la Nation, qui rendent justice à la pureté de vos intentions, vous dédommageront du noble désintéressement dont vous aurez donné le vertueux et consolant exemple. »

Certes, une adresse de cette nature auroit produit un effet bien différent que le prétendu rapport répandu par la malignité, et qu'il est facile d'apprécier quand on voit les agitateurs s'en applaudir, tandis que les bons citoyens au contraire, s'en alarment avec raison.

Mais des adresses et des proclamations ne

suffisent pas pour rétablir l'ordre dans la France ; il faut encore joindre les faits aux moyens conciliateurs.

Le Roi a donné une Charte constitutionnelle dont la discussion est confiée aux lumières et à la sagacité des deux Chambres : il est donc permis d'en parler encore une fois.

N'examinons pas dans quelle circonstance cette constitution a paru, ni de quels élémens les corps constitués étoient alors composés. Il est temps que l'expérience vienne à notre se-cours, sans qu'il soit nécessaire d'attendre que deux ou trois millions de victimes, ou qu'une décadence rapide dans les mœurs et dans la société nous apprenne ce qu'il faut faire et ce qu'il faut éviter.

Une Charte constitutionnelle doit être une arche sainte, à laquelle le Souverain, le peuple et la postérité doivent un respect inviolable ; et c'est pour cela qu'il ne peut être permis d'en parler qu'une seule fois.

Or, pour inspirer ce degré éminent de con-sidération religieuse, il faut en élaguer tout ce qui n'est pas fondement inébranlable de l'Etat: autrement ce seroit imiter les constitutions éphémères qui ont précédé, et se préparer de nouvelles commotions politiques ; en un mot,

ce ne seroit plus une Charte, une loi fondamentale de l'Etat.

Si des garanties étrangères à la constitution
sont nécessaires pour calmer les craintes, pour
rassurer les opinions qui divisent momenta-
nément la France, elles doivent être consi-
gnées dans des lois particulières, dont la pro-
mulgation peut avoir lieu avant que le ser-
ment national ait mis le dernier sceau au pacte
social.

En conséquence, on doit se borner à poser
les fondemens immuables de la Charte, et
les réduire à ceux qui suivent :

1°. *La France est une monarchie.*

2°. *La loi salique réglant la succession au
trône de mâle en mâle, par ordre de primo-
géniture, est conservée comme loi fondamentale de l'Etat.*

3°. *A défaut d'héritiers mâles en ligne directe ou collatérale dans la dynastie régnante,
une assemblee de délégués* ad hoc, *à raison
d'un par dix mille, désignera une nouvelle
dynastie.*

4°. *Le Roi est le législateur né de son
Royaume.*

Cet article est susceptible de contradiction
sans doute ; mais si on veut réfléchir, on sera
forcé de reconnoître que c'est le seul moyen

de consolider la paix intérieure de la France.

L'expérience a prouvé en effet , que tant que la proposition des lois a été dévolue exclusivement au Monarque , une sage prévoyance, l'impartialité , une harmonie parfaite entre leurs dispositions , ont présidé à la rédaction des lois. Cela ne pouvoit être autrement ; le gouvernement est le centre de toutes les relations des provinces ; il connoît tous les besoins ; lui seul peut embrasser d'un coup d'œil toute l'étendue du royaume. Il juge et apprécie ce qui convient à une province, et ce qui seroit nuisible à une autre ; il sait donc lorsqu'il est nécessaire de révoquer ou de modifier une disposition législative , sans néanmoins lui faire perdre ce caractère d'unité indispensable à l'administration d'un grand Etat. Lui seul sait quand il faut se hâter, ou temporiser dans l'application d'une mesure , soit particulière , soit générale. Il a d'ailleurs auprès de lui des hommes exercés, des collaborateurs habiles , qui sont pour le prince un foyer précieux de lumières et de connoissances administratives (1).

____

(1) Lorsque JUSTINIEN voulut faire son Code , il assembla un petit nombre de législateurs , qui, dans le silence du cabinet et de la réflexion, composèrent ce chef d'œuvre immortel , qui nous sert encore de régulateur.

Il est au contraire sans exemple ; qu'une bonne loi soit sortie d'une assemblée tumultueuse de trois ou quatre cents individus. Dans ces assemblées, c'est toujours l'intérêt personnel, les passions ou l'esprit de parti qui agissent; souvent c'est l'éloquence d'un orateur qui entraîne et qui surprend une disposition dont on ne reconnoît le vice que le lendemain. Ces assemblées sont convoquées à des époques périodiques ; la plupart des députés sont étrangers à la législation ; ils sont bien en état de porter un jugement sain sur une loi proposée par le gouvernement, motivée par les ministres de S. M., et discutée contradictoirement par les orateurs de la Chambre ; mais s'ils ont l'initiative, s'ils ont le droit de proposer la loi, alors toutes les passions, tous les intérêts se déchaînent. De juges qu'ils étoient, ils deviennent parties; plusieurs mêmes, dans l'impuissance d'être à la tête d'une faction, consentent à en être les serviles instrumens. L'assemblée n'est plus alors qu'une arène de gladiateurs. La ressource des comités n'est ni plus sûre, ni plus avantageuse, la loi y est toujours le résultat de la manière plus ou moins insidieuse avec laquelle le rapport est fait : je pourrois ajouter d'autres considérations ; mais il suffira de celles-là pour faire sentir que le plus grand des fléaux seroit d'accorder la proposition des lois aux deux Chambres ; tandis qu'il n'en résulte non-seulement aucun danger, mais qu'il y a au contraire un avantage inestimable d'en charger exclusivement le Monarque.

Cela n'empêche pas les Chambres de présenter des suppliques à S. M. sur tel ou tel objet important de la législation, ce qui remplit le même but, sans avoir l'inconvénient d'une rédaction de loi et d'une discussion toujours dangereuse.

5°. *Aucune loi ne peut avoir force coërcitive, aucun impôt ne peut être assis qu'avec l'assentiment et l'approbation des deux Chambres.*

6°. *Les Etats-Généraux sont composés de deux Chambres : l'une de Pairs héréditaires à la nomination du Roi ; l'autre élective et temporaire à la nomination du peuple. Le Roi les convoque et les dissout à volonté.*

7°. *La justice est rendue au nom du Roi par des juges indépendans et à vie ; ils ne peuvent enregistrer aucune loi qui n'ait été acceptée par les deux Chambres, sous peine de forfaiture.*

Ces trois articles renferment toutes les garanties que le peuple français peut désirer ;

tous les pouvoirs sont balancés , ils se soutiennent les uns par les autres , la dissolution des Chambres ne donne point d'étendue au pouvoir du Roi , puisque les tribunaux sont là pour paralyser l'exécution de toute loi qui seroit rendue en l'absence et sans le consentement des Etats-Généraux ; la Chambre des Pairs soutient le trône , et arrêteroit au besoin les entreprises que voudroit faire la Chambre des Députés.

8°. *Tout citoyen français est admissible aux emplois civils et militaires.*

9°. *Le droit de propriété est inviolable , sauf le cas d'utilité publique , et l'indemnité préalable.*

10°. *La liberté individuelle est garantie , la loi en règle le mode.*

11°. *La liberté des cultes est consacrée.*

12°. *La presse est libre , la loi en réprime les abus.*

13°. *La personne du Roi est inviolable , les Ministres seuls sont responsables , la loi détermine la forme de leur mise en etat d'accusation et de jugement.*

On voit que cette Charte ainsi circonscrite aux principes fondamentaux laisse aux législateurs qui succéderont la faculté d'atténuer ou de changer le mode d'exécution des lois qui seront rendues sur la liberté individuelle , sur celle de la presse , ou sur la responsabilité des ministres , selon les circonstances , les mœurs ou les usages des temps ; parce qu'encore une fois, si l'on ne veut pas que l'on porte atteinte à une constitution , il faut que dans son ensemble, comme dans ses parties , elle s'applique au siècle actuel comme aux siècles à venir , sans qu'on puisse détruire , ou même ébranler aucune des bases sur lesquelles elle est assise.

C'est par ce motif incontestable que la Charte ne doit point parler de la Légion-d'Honneur : une loi peut la maintenir avec toutes ses prérogatives ; mais priver les souverains qui suivront de changer les ordres honorifiques , de les réduire , ou d'en créer de nouveaux , seroit une tyrannie exercée sur la postérité , et compromettroit nécessairement l'inviolabilité de la Charte.

Il doit en être de même de la promesse faite de ne rechercher aucun individu à raison de ses votes ou de ses opinions antérieurs au mois de mars 1814. Comme cette promesse a déjà été sanctionnée par une déclaration royale, cela doit suffire ; il seroit ridicule de l'insérer dans le contrat social, par la raison que c'est un objet purement de circonstance et momentané ; autrement ; dans un siècle ou deux, en lisant cet article , on se demanderoit l'usage qu'on doit en faire , et certes les réflexions qui suivroient , ne seroient pas à l'avantage des législateurs de notre siècle.

Il est un autre article bien plus délicat, qui ne doit pas non plus y figurer par les mêmes motifs , c'est celui concernant les ventes des domaines nationaux ; cet événement arrivé une fois, ne se renouvellera pas sans doute une seconde. Les dispositions prises aujourd'hui à cet égard ne peuvent être d'aucunes considération , ni d'aucune utilité pour l'avenir ; par conséquent elles ne peuvent faire partie d'un contrat perpétuel , mais bien d'une loi particulière.

L'insertion d'un pareil article dans la Charte constitutionnelle , loin d'être avantageuse , seroit plutôt nuisible à l'ordre et à la tranquillité publique. Les anciens propriétaires ne se considéreront jamais dépouillés légitimement, tant qu'ils ne seront pas justement indémnisés. Or, si la Charte contient une disposition contre eux , sans en contenir une qui leur soit favorable, on doit s'attendre à trouver dans ces propriétaires des ennemis déclarés de cette même Charte, qu'ils chercheront à renverser par tous les moyens possibles, par cela même qu'elle renferme deux principes incom-

2

patibles et diamétralement opposés; c'est-à-dire le maintien et l'abolition tout à la fois des confiscations.

Il existeroit un moyen bien plus efficace pour rassurer les acquéreurs des biens nationaux, et pour imposer silence aux anciens propriétaires ; ce seroit une loi qui , en proclamant la validité des ventes *légalement* faites des domaines nationaux, mettroit à la disposition des ministres de S. M. une somme approximative de la valeur de ces biens en rentes sur l'Etat , pour leur être distribuée à titre d'indemnité. La même loi porteroit d'un côté l'obligation aux ministres de ne délivrer aucunes de ces rentes aux anciens propriétaires, qu'à la charge par eux de ratifier préalablement les aliénations faites à leur préjudice ; et de l'autre, que faute de recevoir cette indemnité, la loi prononceroit irrévocablement cette ratification.

Certainement une loi de cette nature , fondée sur la tranquillité publique et sur la justice , feroit à jamais disparoître de la France cette masse de craintes et d'inquiétudes, d'espérances et de prétentions , qui mettent sans cesse en opposition deux classes nombreuses de citoyens; tandis que les uns et les autres se trouveroient satisfaits , et n'auroient plus aucuns motifs de se tourmenter , ni de cons-

pirer. On ne connoîtroit plus les dénomina‑
tions de biens nationaux et patrimoniaux , qui
sont si nuisibles aux transactions sociales. La
ratification qui suivroit nécessairement l'in‑
demnité , porteroit avec elle un caractère de
légitimité indestructible , parce qu'elle éma‑
neroit directement de la volonté des proprié‑
taires , ou d'un refus coupable aux yeux de la
France entière et de la postérité. Au lieu
qu'une Charte qui , sans leur consentement
valide des confiscations toujours odieuses , ne
tranquillise personne (ainsi que l'expérience
l'a prouvée), parce qu'elle laisse toujours
une porte ouverte à l'espérance.

Ceci conduit naturellement au droit de con‑
fiscation en général , dont je n'ai pas cru
qu'on dût s'occuper dans une constitution ,
quoique je sois l'ennemi de tout système con‑
traire au droit de propriété , dont l'inviola‑
bilité fait la base de toutes les sociétés. Tout
le monde sait que les confiscations en général
sont subversives de l'ordre social ; car on est
forcé de convenir, à la honte de l'humanité ,
que de tout temps elles ont excité la cupidité
des gouvernemens illégitimes. C'est ainsi que ,
sous l'empire romain , ce droit odieux fut
alternativement supprimé et rétabli ; que pen‑
dant les funestes dissensions qui éclatèrent en
Italie entre les Guelfes et les Gibelins , le

vainqueur s'en servit contre le vaincu avec une inconcevable fureur.

Il peut néanmoins subvenir des circonstances extraordinaires dans l'Etat, qui en légitime l'exercice, pour effrayer de grands coupables; c'est dans ces sortes de cas que certains législateurs l'ont autorisé.

L'Eglise elle-même l'a employé à certaines époques.

Je crois qu'il y auroit quelque danger à vouloir priver nos neveux de ce moyen de salut, si, ce qui est possible, ils n'en trouvoient pas de plus efficaces pour tirer l'Etat de la crise où l'auroient jeté des traîtres puissans et pervers.

Or, en se transportant par la pensée à ces temps calamiteux, n'est-il pas juste, si les gouvernemens d'alors trouvent nécessaire d'ordonner ces confiscations, de leur en laisser la faculté.

Quel grave inconvénient n'en résulteroit-il pas, s'ils ne pouvoient sauver l'Etat que par une infraction à la Charte constitutionnelle; je crois donc plus sage d'en faire l'objet d'une loi particulière, et non une base fondamentale de la monarchie.

Une fois que le Gouvernement et les Chambres auront ainsi terminé leurs opérations sur la Charte constitutionnelle et sur les lois particulières, relatives au mode d'élection des députés, à la répression des abus de la presse, aux limites de la liberté individuelle, au mode à suivre pour la responsabilité des ministres, à la validité des ventes des biens nationaux, et à l'indemnité due aux anciens propriétaires, à la Légion-d'Honneur et autres ordres honorifiques de l'Etat, et aux confiscations ; il leur reste d'autres sujets à traiter pour le rétablissement de la tranquillité en France.

Il ne faut point se le dissimuler, la révolution française a semé dans tous les esprits le germe de l'irréligion, et de ce qu'on appelle *idées libérales*, expression nouvellement imaginée par les adeptes pour désigner l'indépendance civile, politique et religieuse.

Il s'agit de déraciner ces idées que j'appelle antisociales. Or, le premier moyen que je crois efficace, c'est de diminuer considérablement l'émission des feuilles périodiques, et de n'excepter que le journal officiel, qui ne contiendroit que les lois et ordonnances, ainsi qu'un *très-petit nombre* de journaux connus depuis long-temps par leur excellent esprit. Autrement, tant qu'on laissera subsister ces conducteurs électriques des brandons révolutionnaires, on ne verra jamais luire sur le sol de la France les anciens jours de bonheur et de prospérité. Il faut un terme à tout ; la révolution est finie, les citoyens des différentes classes sont appelés indistinctement à toutes les fonctions et dignités; la représentation nationale est conforme au vœu général; il faut donc supprimer tout aliment pernicieux à ces esprits inquiets et turbulens qui ne vivent que d'intrigues et de désordres ; alors tous les citoyens , chacun dans leur état , se livreront aux travaux analogues à leur profession ; on ne verra plus les habitans des villes et des campagnes perdre un temps précieux à la lecture des journaux qu'ils expliquent et commentent au gré de leur intérêt particulier ; chacun au contraire se livrera à ses occupations domestiques , à son travail , à ses opérations de commerce. Le gouvernement ne sera plus fatigué par des réclamations pénibles et déplacées, et l'on verra insensiblement l'ordre se rétablir dans toutes les parties de l'économie sociale.

On me dira sans doute qu'en supprimant la presque totalité des journaux , je porte atteinte à la liberté de la presse; mais il est aisé de repousser cette objection, en disant qu'on entend par la liberté de la presse , le droit d'émettre sa pensée librement , et de la faire imprimer sans la soumettre préalablement à une censure. Or, cette liberté d'émission de la pensée qui est indéfinie, sauf les abus répréhensibles d'après la loi , n'empêche pas le gouvernement de supprimer des feuilles périodiques , lorsque la tranquillité publique l'exige ; il peut donc être permis d'écrire et d'imprimer tout ce que disent les journaux , mais non par abonnement , ou par souscription.

En supposant encore que cette suppression porte une atteinte à la liberté de la presse , on pourroit éviter les effets pernicieux qui en résultent dans l'intérieur de la France , en soumettant ceux qui ne seroient pas autorisés du gouvernement à la même taxe que les lettres et paquets de la poste.

Le second moyen s'appliqueroit à l'instruction publique , qu'il faudroit diriger vers les principes religieux.

Le troisième seroit de n'employer dans les premiers momens que des personnes connues. par leur attachement à la cause royale , et d'une moralité éprouvée.

Je fais consister le dernier moyen dans la révision de quelques articles du Code civil , tel que le divorce ; et la loi sur les successions en ligne directe ; article que l'on doit considérer comme lié aux mœurs publiques. Sous Justinien , le père pouvoit sans motifs exhéréder ses enfans , ou les réduire à une simple légitime. Ce pouvoir discrétionaire dont un père n'abusoit presque jamais , les rendoient

plus soumis, plus respectueux, et cette sou-
mission, dont ils contractoient l'habitude dès
l'enfance, en faisoient dans l'âge viril de bons
citoyens ; car on ne peut être tel sans subor-
dination.

Cette observation se faisoit sentir avec plus
de force encore dans l'ancien régime, en com-
parant les pays coutumiers avec ceux de droit
écrit. Dans les premiers, les enfans secouoient
l'autorité paternelle, parce qu'ils avoient la
certitude que leur héritage étoit fixé par la
loi, et finissoient par s'accoutumer à cette indépendance qui franchit toutes les bornes ;
tandis que dans le pays de droit écrit, la
crainte d'être réduit à la simple légitime
rendoit les enfans dociles, et leur faisoit pra-
tiquer toutes les vertus propres à en faire un
jour des sujets recommandables.

En un mot, des mœurs ; et l'amour de la
religion, réveillé dans tous les cœurs par
l'exemple de la Famille auguste qui nous gou-
verne, une justice constante, une fermeté
soutenue dans le gouvernement, doivent en
peu de temps rallier tous les Français à leur
Souverain, et faire disparoître ce conflit de
sentimens, de vues, d'opinions, et ces idées
ultra-libérales surtout, si contraires au bonheur, à la moralité et au repos de la France.

IMPRIMERIE DE LE NORMANT, RUE ..... 8.